CATALOGUE

ESTAMPES

ANCIENNES ET MODERNES

BELLE RÉUNION DE PORTRAITS

Par et d'après Van DYCK

LIVRES A FIGURES

GRAND NOMBRE DE GRAVURES DITES D'ARTISTE

QUELQUES DESSINS

DONT LA VENTE AURA LIEU

HOTEL DROUOT

SALLE N° 4, AU PREMIER ÉTAGE

Le Mercredi 2 Juin 1869

A UNE HEURE PRÉCISE

Mᵉ **DELBERGUE-CORMONT**, Commissaire-Priseur,
rue de Provence, 8,
Assisté de **M. CLEMENT**, Mᵈ d'Estampes de la Bibliothèque Impériale,
rue des Saints-Pères, 3.

EXPOSITION PUBLIQUE

Le Mardi 1ᵉʳ Juin 1869, de une heure à cinq heures

PARIS — 1869

CONDITIONS DE LA VENTE

Elle séra faite expressément au comptant.

Les Acquéreurs paieront, en sus des Adjudications, CINQ CENTIMES PAR FRANC applicables aux frais.

DÉSIGNATION

1 **Anonyme** (Français). Expulsion des Jésuites des
états du roi d'Espagne, de Naple et des duchés de
Parmes; leur ordre proscrit en France et en Portu-
gal. Pièce très-curieuse.

2 **Anonyme** (Flamand). Portraits de J.-B. et F. Mercu-
ruis Van Helmont. Très belle et rare épreuve.

3 **Anselin**. Pompadour (Madame de), en jardinière,
d'après Vanloo. Superbe épreuve avant la lettre; elle
a toute sa marge. Rare en cet état.

4 **Aubry-le-Conte**. Ariane, Erigone, Danaé, d'après
Girodet. Épreuves avant la lettre, sur chine.

5 **Balechou**. Le Calme, d'après J. Vernet. Très-belle
épreuve.

6 **Baudoin** (D'après). Les Amours champêtres. — La
Fille surprise. 2 pièces par Choffard. Très-belles
épreuves.

7 **Beauvarlet**. La Sultane. — La Confidence. 2 pièces
d'après Vanloo. Superbes épreuves avant toutes lettres.

8 **Beauvarlet** (Madame). Satyrs et Nymphes d'après
Saint-Quentin. — Actéon métamorphosé en cerf, par
Sornique, d'après Boulogne. 2 pièces, belles épreu-
ves.

9 **Bervic**. L'éducation d'Achille d'après Regnault. Superbe épreuve avant toutes lettres.

10 **Blecker** Le Chariot à 4 roues. — Le Chariot à 2
roues. Le cabriolet (B. 10, 11 et 12). 3 pièces.

11 **Boissieu** (J.-J. de). Homme vu de trois quarts, d'après Van Dyck. Très-belle épreuve avant le double point placé après le monogramme du maître.

12 **Boisot**. La petite Liseuse, d'après Greuze. Superbe épreuve avant la lettre.

13 **Boucher** (D'après). La belle Villageoise, par Soubeyron. — L'amour enchaîné par les grâces, par Beauvarlet. 2 pièces. Très-belles épreuves.

14 — Vénus sur les eaux. Très-belle composition avant toutes lettres.

15 — Le Souffleur. — Le Berger. — Le Pêcheur. 3 pièces.

16 **Brascassat**. Études d'Animaux et de Paysage. Suite de 6 litographies publiées par Rittner et Goupil.

17 **Burgmair** (Hans). Vénus et Mercure (B. 1). Très-belle épreuve de la seule eau-forte du maître.

18 **Cars** (Laurent). La bonne Mère, d'après Greuze. Magnifique épreuve avant toutes lettres.

19 **Chardin** (D'après). La Gouvernante, par Lepicié. Très-belle épreuve.

20 **Cochin** (C. N.). Pièces allégoriques pour des écrans, suite complète de 12 estampes, d'après la Joüe. Très-belles épreuves. Suite rare à trouver complète.

21 **Coignet** (J.). 35 lithographies, études de Paysage.

22 **Colin** (Grin). Le Sauveur du monde, d'après Léonard de Vinci. Superbe épreuve avant toutes lettres, papier de Chine.

23 **Cousins** (Samuel). Master Lambton, d'après Laurence. Superbe épreuve avant la lettre.

24 — Portrait de lady Dover à mi-corps, d'après Laurence. Très-belle épreuve avant la lettre.

25 — Portrait du pape Pie VII, d'après Laurence. Très-belle épreuve avant la lettre.

26 — Portrait de lady Gower en pied, assise, d'après Laurence. Très-belle épreuve avant la lettre.

27 **Daullé**. Feuquière (Catherine Mignard, comtesse de), d'après Mignard. Très-belle épreuve avec toute sa marge.

28 — Mademoiselle Pélissier, d'après Drouais. Très-belle épreuve avec toute sa marge.

29 **Divers**. Ph. de Champaigne, par Edelinck. — Poussin, par Audran. — Rigaud, par Daullé. — Lebrun, par Edelinck, etc., etc. 18 pièces. Tirage de la calcographie.

30 **Drevet** (P.). Hyacinthe Rigaud, tenant un porte-crayon, d'après lui-même. Très-belle épreuve avec toute sa marge.

31 **Dupont** (M. Henriquel). Pierre-le-Grand, d'après Paul Delaroche. Superbe épreuve d'artiste, sur papier de Chine.

32 **Durer, Binck**, etc. Le grand cheval, Saint-Jérôme, le Brelan. — Vierge couronné par un ange. — Pièces de la Passion gravées sur bois, par Beham. — Soldats portant des trophées, par Mantegna, etc., etc. 39 pièces.

33 **Du Vivier**. Cuisine Flamande (R. D. 6.). Belle épreuve.

PORTRAITS

GRAVÉS A L'EAU-FORTE PAR VAN DYCK

Les Portraits gravés par Van Dyck, ainsi que ceux par différents graveurs, pour les éditeurs, Martin Vanden-Enden et Gillis-Hendrix, ont une marge d'environ deux centimètres sur les côtés et cinq centimètres en bas.

34 — Breughel (Jean dit de Velours). (1). Très-belle et ancienne épreuve avec toute sa marge.

35 — Breughel (Pierre). (2). Très-belle et ancienne épreuve, sur papier à la folie. Elle a toute sa marge.

36 — Erasme (Didier). (G.). Très-belle et ancienne épreuve avec toute sa marge.

37 — Franck (Franciscus) (6). Très-belle épreuve tirée sur papier à la folie. Elle a de grandes marges.

38 — Momper (Josse de). (8). Très-belle épreuve tirée sur papier à la folie. Elle a toute sa marge.

39 — Oort ou Noort (Adam Van). (9). Très-belle épreuve avec les lettres G. H.

40 — Pontius ou du Pont (Paul). (10). Superbe et très-rare épreuve du troisième état avant le mot Antuerpiæ et avant l'adresse de G. H. Elle a toute sa marge.

41 — Snellinx (Jean). (12). Très-belle épreuve, tirée sur papier à la folie. Elle a toute sa marge.

42 — Snellinx (Jean). (14). Très-belle ép. de la planche terminée par P. de Jode, avec les lettres G. H.

43 — Snyders (François). (15). Très-belle épreuve tirée sur papier à la grande couronne. Elle a toute sa marge.

44 — Suttermans (Justus). (16). Très-belle et ancienne épreuve, sur papier à la grande couronne. Elle a toute sa marge.

45. Versterman (Lucas). (19). Superbe et très-rare épreuve du deuxième état, avant le fond et avant les lettres G. H. Épreuve tirée sur papier à la grande couronne. Elle a toute sa marge.

46 — Vos (Paul). (21). Très-belle épreuve du quatrième état. La planche terminée [par Bolswert, avec les lettres G. H.

47 — Vos (Guillaume de). (20). Très-belle épreuve du troisième état. La planche terminée par S. A. Bolswert, avec les lettres G. H. Elle a une belle marge.

48 — Wael (Jean de). (22). Très-belle épreuve du quatrième état, avec les lettres G. H.

PORTRAITS D'APRÈS VAN DYCK

GRAVÉS POUR L'ÉDITEUR MARTIN-VANDEN ENDEN

Les Portraits de cette série désignés sous le deuxième état, sont avec l'adresse de Martin Vanden-Enden. Ceux du troisième état, à moins d'avis contraire, sont avec les lettres G. H.

49. **Bolswert** (S. A.). Barbe (Jean-Baptiste). (3). Très-belle épreuve du deuxième état, avec toute sa marge.

50 — Brouwer (Adrien). (4). Superbe épreuve d'un état non décrit par Weber, avec les deux lignes et avant les lettres G. H.

Il est intermédiaire du troisième et quatrième état, portant le nom du personnage écrit Brauwer au lieu de Brouwer.

51 — Vranex (Sébastien). (7). Très-belle épreuve du deuxième état, avec toute sa marge.

52 — Marguerite de Lorraine, femme de Gaston de France, duc d'Orléans (8). Très-belle épreuve du troisième état. Elle a toute sa marge.

53 **Hondius** (G.). Franck (François). (11). Très-belle épreuve du troisième état.

54 — Hondius (Guillaume). (12). Très-belle épreuve du troisième état.

55 **Jode** (P. de). T'serclaes de Tilly (Jean comte de). (14). Très-belle épreuve du troisième état.

56 — Coster (Adam). (15). Très-belle épreuve du troisième état.

57 — Nole (André Colyns de). (18). Très-belle épreuve du troisième état.

58 — Poelenburg (Corneille). (19). Très-belle épreuve du quatrième état.

59 — Tuldenus. (Diodore). (23). Très-belle épreuve du troisième état.

60 — Wallenstein (Albert comte de). (24). Très-belle épreuve du deuxième état.

61 — Urphé (Geneviève d'), (25). Très-belle épreuve du troisième état.

62 **Lauwers** (E.). Blancatcio (frère Lelio). (26). Très-belle épreuve du deuxième état.

63 **Pontius** (P.). Balen (Henri Van). (27). Très-belle épreuve du deuxième état. Elle a toute sa marge.

64 — Bazan (Don Alvar). (28). Très-belle épreuve du troisième état.

65 — Breuck (Jacques de). (29). Très-belle épreuve du deuxième état, avec toute sa marge.

66 — Colonne ou Coloma (Don Charles). (30). Très-belle épreuve du troisième état.

67 — Frockas Perera et Pimentel (don Emmanuel). (32). Très-belle épreuve du troisième état. Elle a toute sa marge.

67 bis. — Geest (Corneille Vander). (33). Très-belle ép. du 3ᵉ état. Elle a toute sa marge.

68 — Gusman (don Diego, Philippe de). (35). Très-belle épreuve du 1ᵉʳ état, avec de grandes marges.

69 — Crayer (Gaspard de) 31. Superbe ép du 3ᵉ état, avec deux lignes de titre et avant l'adresse de G. H. la seconde ligne porte les mots *Pictor Humanarum Figurarum Bruxellis* Weber n'a vu qu'une seule épreuve dans la collection de M. de Liphart à Dorpat et n'a pu donner cette seconde inscription n'ayant pas le portrait sous la main.

Extrêmement rare.

70 — Gevartius (Gaspar) (34). Superbe ép. du 3ᵉ état, avec les deux lignes de titre et avant les lettres G. *H.*

Notre épreuve est pareille à celle que cite Weber dans la collection de M. Wolf à Bonn avec les deux dernières lettres du mot Gaspar, effacées sur la planche. Très-rare.

71 — Honthorst (Gerard) (37). Très-belle ép. du 2ᵉ état, avec de belles marges.

72 — Miræus (Aubert) (39). Très-belle ép. du 2ᵉ état.

73 — Mytens (Daniel) (40). Très-belle ép. du 4ᵉ état.

74 — Nassau (Jean, comte de) (41). Très-belle ép. du 2ᵉ état, avec toute sa marge.

75 — Ravestein (Jean Van) (44). Très-belle ép. du 3ᵉ état

76 — Rombouts (Théodore) (45). Très-belle ép du 3ᵉ état.

77 — Scaglia (César-Alexandre) (47). Très-belle ép. du 2ᵉ état, avec toute sa marge.

78 — Savoye (François-Thomas de) (48). Très-belle ép. du 2ᵉ état. Elle a toute sa marge.

79 — Vanloon (Théodore) (52). Très-belle ép., avec l'adresse de Martin Vanden Enden. Elle a toute sa marge.

80 — Vos (Simon de) (53). Très-belle ép. du 3ᵉ état.

81

81 — Palamedes (Palamedesz, Stevens) (42). Très-belle
ép. Probablement avant l'adresse de G. H., on aperçoit
encore la trace de l'effaçage de l'adresse de M. Van
den Enden.

82 — Pontius (Paul) (13). Très-belle ép. du 3e état.

83 **Van Vœrst** (Robert). Digbi (sir Kenelme), (58). Très-
belle épreuve du 3e état.

84 — Vouet (Simon). (61). Très-belle ép. d'un état intermédiaire entre le 2e et 3e états, avec deux lignes de
titre et avant les lettres G. H. Très-rare état non décrit
par Weber.

85 **Vorsterman** (Lucas). Cachiopin (Jacques de). (62).
Très-belle ép. du 3e état.

86 — Callot (Jacques). (63) Très-belle ép. du 4e état.

87 — Eynden ('Hubert Van den) 68. Très-belle ép.
avec l'adresse de M. Vanden Enden. Elle a toute sa
marge.

88 — Galle (Théodore) (69). Très-belle ép. du 2e état. Elle
a toute sa marge.

89 — Iode (Pierre de, dit le vieux). (72). Très-belle ép. du
2e état. Elle a toute sa marge.

90 — Livens (Jean) (73). Très-belle ép. du 3e état.

91 — Mallery (Charles de) (74). Très-belle ép. du 2e état.
Elle a une belle marge.

92 — Milder (Jean van) (75). Très-belle ép. du 3e état.

93 — Spinola (don Ambroise) (80). Très-belle ép. du
1er état, avec toute sa marge.

94 — Stevens (Pierre) (81). Très-belle ép. du 3e état.

95 — Uden (Lucas Van) (82). Très-belle ép. du 3e état.

96 — Vos (Corneille de) (83). Très-belle ép. du 3e état.

PORTRAITS GRAVÉS

POUR L'ÉDITEUR GILLIS HENDRIX

97 — Ertvelt (André Van) par S. A. Bolswert. Très-belle ép. du 1er état.

98 — Ruthven (lady Mary), par S. A. Bolswert. Très-belle ép. du 2e état.

99 — Iode (P. de), par lui-même. Très-belle ép. du 1er état.

100 — Ryckaert (Martin), par Neeffs. Très-belle ép. du 1er état.

101 — Tassis (Antoine de), par J. Neeffs (105). Très-belle ép. du 1er état. Elle a toute sa marge.

102 — Isabelle-Claire-Eugénie, par Vosterman. Très-belle ép. du 2e état, avec les lettres G. H.

103 — Wolfang Guillaume, comte Palatin du Rhin, par Vorsterman. Très-belle ép. du 2e état. Elle a toute sa marge.

104 **Ecole française.** Les derniers adieux de Louis XVI à sa famille, — fin tragique de Marie-Antoinette le 16 octobre 1793. Deux petites pièces; la dernière imprimée en bistre est rare.

105 **Edelinck** (G.) Sainte Madeleine, d'après Ch. Le Brun (R. D. 32). Très-belle ép. avant la lettre. Très-rare.

106 — Le Combat des quatre Cavaliers, d'après Léonard de Vinci (R. D. 44). Superbe ép. du 1er état avant toutes lettres, avant les mots; L. D. la finese pin. G. Edelinck sc., gravés au milieu du bas de l'estampe. Très-rare.

107 — Champagne (Ph. de), célèbre peintre (R. D. 164).
Très-belle ép. du 1er état.

108 **François** (Alphonse). Le général Bonaparte fran-
chissant les Alpes, d'après P. Delaroche. Très-belle
ép. avant toutes lettres.

109 **Galle** (Corneille). Mercure et Jupiter chez Philemon
et Baucis, d'après J. Van Hœck. Superbe ép.

110 **Gudin**. Marines publiées en 1820. 6 pièces.

111 **Haid**. Portrait de la mère de Rembrandt, d'après
lui-même. Très-belle ép.

112 **Heillman**. Le bon Exemple, par Chevillet. Très-
belle ép.

113 **Humphrey**. Barry (Mme la comtesse du), d'après
Wilson. Estampe gravée en manière noire.

114 **Isabey** (E.) Marines dessinées sur pierre. Suite de
6 pièces. — Vues de Normandie et de Bretagne
4 pièces etc., en tout 11 pièces.

115 **Lancret** (d'après). Récréation champêtre. — Les
agréments de la campagne. Deux charmantes compo-
sitions. Très-belles ép., toute la marge.

116 **Lefèvre** (Achille). La Nativité, d'après le Corrége.
Sujet connu sous le nom de la nuit du Corrége. Très
belle ép. avant toutes lettres.

117 **Lombart**. Les Comtes et Comtesses, d'après Van-
Dyck. Suite de douze estampes, dont dix portraits de
femmes et deux d'hommes. Très-belles ép.

118 **Longhi**. La mise au tombeau, d'après D. Crespi.
Très-belle ép. avant toutes lettres ; seulement les
noms d'auteurs tracés.

119 **Martin** (John). Le Festin de Balthazar. — Josué ar-
rêtant le soleil, — le Déluge. Trois pièces. Belles ép.
avant la lettre.

120 **Masquelier**. La mise au tombeau, d'après Raphaël. Superbe ép. d'artiste; sur papier de Chine.

121 **Massard**. Le tendre Désir, d'après Greuze. Très-belle ép. Elle a toute sa marge.

122 — La Cruche cassée, d'après Greuze.

123 **Mercury**. Sainte Amélie, d'après Paul Delaroche. Superbe ép. avant toutes lettres, sur chine. Seulement les noms des artistes tracés à la pointe; elle est signée du graveur.

124 — Le supplice de Jane Gray, d'après Paul Delaroche. Très-belle ép. avant toutes lettres.

125 — Madame de Maintenon. Ep. avant toutes lettres.

126 **Moreau** (d'après). Couronnement de Voitaire sur le Théâtre Français le 30 Mars 1778, par Gaucher. Superbe ép.

127 **Morghen** (R,) Apollon et les Muses sur le Parnasse, d'après R, Mengs, Très-belle ép. Elle a toute sa marge.

128 — Le Temps faisant danser les Muses, — le Repos en Egypte. Deux pièces faisant pendant, d'après N. Poussin, Très-belles ép, avec toutes leurs marges.

129 — Le Char de l'Aurore, d'après le Guide. Très-belle ép. dite ainsi aux voiles blanches. Elle a toute sa marge.

130 **Morin** (J.) Vignerod J.-Baptiste Amador, Abbé de Richelieu, d'après Ph, de Champaigne. Très-belle ép. avec toute sa marge.

130 bis. **Nielles**. Six Nielles ronds sur argent du xve siècle, représentant une Nativité et différents saints et saintes dans un cadre; le diamètre de chaque nielle est de deux centimètres et demi.

131 **Pannier**. Louis-Philippe. Superbe ép. avant toutes lettres.

132 — Port. de Rembrandt. Superbe ép. avant toutes lettres, sur papier de Chine.

133 — Richelieu, d'ap. Ph. de Champaigne. Superbe ép. avant toutes lettres, sur papier de Chine.

134 **Paterre, Challe, Jeaurat, Natoire** et autres (d'ap.). Le Galant jardinier. — Le Repos de Diane. — Actéon changé en cerf. — Jupiter et Léda. — Vénus sur les eaux, etc., etc. Treize pièces très-belles ép.

135 **Perrier.** Les Angles de la farnésine. Suite de dix estampes, d'ap. Raphaël. Très-belles ép.

136 **Porporati.** La petite fille au chien, d'ap. Greuze. Très-belle ép. avant la lettre ; elle est doublée. Collec-Thorel. Rare.

137 — Le Coucher, d'ap. Vanloo. Superbe ép. avant toutes lettres.

138 **Posselwhite** (J.). Les filles d'Eve, d'ap. Vidal. Suite de six estampes. Superbes ép. avant toutes lettres, sur papier de Chine.

139 — Jeune fille portant des raisins, d'ap. Furse. Très-belle ép. avant toutes lettres.

140 **Prud'hon.** Une lecture. Très-belle ép. sur Chine; plus une copie par Aubry-le-Comte. Deux pièces.

141 — Angélique et Médor, plus quatre pièces gravées par Roger et Copia. En tout cinq pièces avant la lettre.

142 **Prud'hon** (P.-P. d'après). Suite des cinq vignettes gravées par Roger pour illustrer Edouard et Stellina, roman de Lucien Bonaparte. Superbes ép. avant la lettre; une est double. En tout six pièces.

143 — Daphnis et Chloé au bain, par Roger. Superbe ép. avant la lettre.

144 **Ravenne** (Marc de). Vénus blessée par l'épine d'un rosier. — La Nymphe surprise. — Costumes divers, par J. de Gheyn. — Sujets de plafonds, d'ap. C. Cornelis. — Andromède, par Saenradam, etc. Seize pièces.

145 **Rembrandt.** Jésus-Christ guérissant les malades ou la pièce de 100 florins (B. 74). Cl. 78. C. B. 49. Superbe ép. du 2e état de Bartsch, d'un ton velouté.

146 **Rubens** (d'ap.). Sujets de l'ancien et du nouveau Testament : Vierges, saints. Paysages, etc., 30 pièces.

147 **Stoop.** Paysan accompagné de deux chiens; il tient un cheval par la bride (B. 6). Superbe et très-rare ép. avant le ciel et à l'eau-forte pure.

148 **Strange** (R.). Charles 1er en pied et en manteau royal, d'ap. Van Dyck. Très-rare ép. avant toutes lettres, elle est doublée.

149 — Charles Ier en pied, près de son cheval que tient un écuyer. Henriette de France, femme de Charles Ier. Deux portraits faisant pendant, d'ap. Van Dyck. Superbes ép. Elles ont toutes leurs marges.

150 **Vasi.** Vues intérieure et extérieure de Saint-Pierre de Rome. Deux grandes pièces de deux feuilles chacune non assemblées. Superbes ép.

151 — Vues de différents quartiers de Rome. Suite de quatre estampes de trois feuilles chacune, non assemblées.

152 — Vue générale de Rome, en 12 feuilles non collées. Rare.

153 **Vleughels** (d'ap.). Le Villageois qui cherche son veau, par de Larmessin. Très-belle ép.

154 **Volpato** et **Ottaviani.** Les Loges de Raphaël au Vatican. Suite complète de 44 estampes, divisées en trois séries, savoir : les Arabesques, les Stucs et les Voûtes. Superbes ép.

155 **Woollett** (W.). Vue intérieure d'une forêt, d'ap. G. Poussin. Très-belle ép. avant la lettre. Collection Thorel.

156 — Édifices romains en ruines, d'ap. Cl. Lorrain. Très-belle ép. avant la lettre, sur papier de Chine.

LIVRES A FIGURES

157 — Views on the Thames, engraved by W.-B. Cooke and George Cooke. *London*, 1822. Suite de 75 planches, d'ap. les dess. de P. Dervint, W. Hawel, S. Owen, etc. Superbe exemplaire de premier tirage, avec le titre en lettres grises sur chine (proof).

158 — A picturesque delineation of the Southern coast of England, extending from the mouth of the Thames to the Severn. *London*, 1817-27. Ouvrage composé de 48 vues et de 32 vignettes gravées par W.-B. et G. Cooke, d'ap. Turner et autres. Superbe exemplaire de premier tirage, avec le titre en lettres grises sur chine (proof).

159 — River Scenery, from original drawings by J.-M. W. Turner and Th. Girtin, with letter press description to each view by MM. Hofland. *London*, W. Cooke, 1827. Exemp. sur papier de chine.

160 — A series of subjects from the Works of the Late, R.-P. Bonington, Drawn on stone by Harding. Suite de vingt-deux lithographies renfermées dans un portefeuille; son portrait est en tête.

161 — Various subjects of Landscape, charactéristic of english scenery, from Pictures painted by John Constable, R. A. engraved by David Lucas. *London*, 1830. Suite de 23 vues gravées en matière noire en portefeuille.

162 **England and Wales.** Picturesques views in England and Wales, gravés d'après les dessins de (J.-N. W.) Turner. 60 planches. Magnifique exemplaire tiré in-folio. Avant toutes lettre, sur chine; seulement les noms d'artistes à la pointe, avec les eaux-fortes de chaque planche. Extrêmement rare.

162 bis. Douze planches du même ouvrage, egalement tirées in-fol. Épreuves d'artistes avec les eaux-fortes.

163 **Harding's.** Cinq albums de litographies pour modèles de dessin.

164 — Un vol. in-fol. contenant 37 pièces, plans et vues de Rome, Venise, etc.

165 — L'Ascension de N. S. Jésus-Christ du Pérugin, d'ap. le tableau du musée de Lyon. Suite de 12 lithographies, pub. par A. Marquet.

166 — Galerie Verospia, à Rome, gr. par Frezza, d'ap. l'Albane. 1 vol. in-fol., cart. 16 planches.

167 — Un Portefeuille contenant 37 vues de Londres, avec un plan de 1747, par divers graveurs.

168 — Un portefeuille in-fol. contenant 73 vignettes anglaises, d'ap. Lawrence, Bonington et autres. Ép. avant toutes lettres, sur papier de chine.

169 **Gatine**. Les Ouvrières de Paris. — Travestissements. 24 pièces en couleur.

169 bis — Dix anciens Dessins par différents maîtres.

170 — Sous ce numéro seront vendues grand nombre de gravures dites d'artistes ; portraits par Montcornet ; dix dessins par différents maîtres, Photographies, Cartes et Plans, Ornements, etc., etc.

Renou et Maulde Imprimeurs de la Compagnie des Commissaires-Priseurs,
rue de Rivoli, 144.   21091